Catherine Rambert

Pequena filosofia da paz interior

365 pensamentos calmos e serenos para alcançar a felicidade

Tradução de Julia da Rosa Simões

www.lpm.com.br

Coleção **L&PM** POCKET, vol. 1200

Texto de acordo com a nova ortografia.
Título original: *Petite philosophie de la paix intérieure: 365 pensées douces et sereines pour aller vers le bonheur*

Primeira edição na Coleção **L&PM** POCKET: janeiro de 2016

Capa: Ivan Pinheiro Machado *Ilustração*: iStock
Revisão: Jó Saldanha

CIP-Brasil. Catalogação na publicação
Sindicato Nacional dos Editores de Livros, RJ

R137p

Rambert, Catherine
 Pequena filosofia da paz interior: 365 pensamentos calmos e serenos para alcançar a felicidade / Catherine Rambert; tradução Julia da Rosa Simões. – 1. ed. – Porto Alegre, RS: L&PM, 2016.
 224 p. ; 18 cm.   (Coleção L&PM POCKET, v. 1200)

 Tradução de: *Petite philosophie de la paix intérieure: 365 pensées douces et sereines pour aller vers le bonheur*
 ISBN 978.85.254.3342-8

 1. Técnicas de autoajuda. 2. Reflexão (Filosofia) I. Título. II. Série.

15-27968   CDD: 158.1
                            CDU: 159.947

© Editionº1, 2004

Todos os direitos desta edição reservados a L&PM Editores
Rua Comendador Coruja 314, loja 9 – Floresta – 90.220-180
Porto Alegre – RS – Brasil / Fone: 51.3225.5777 – Fax: 51.3221.5380

Pedidos & Depto. comercial: vendas@lpm.com.br
Fale conosco: info@lpm.com.br
www.lpm.com.br

Impresso no Brasil
Verão de 2016

Pequena filosofia da paz interior

365 pensamentos calmos e serenos
para alcançar a felicidade

Para meu pai

Prefácio

Como tornar-se mais sábio e mais sereno?

Como discernir o essencial do dispensável, o importante do urgente?

Como aprender a relativizar o que nos acontece de bom e de não tão bom?

Como ter uma vida harmoniosa num ambiente cotidiano feito de barulho, velocidade, agressividade, pressão...?

Como alcançar a tão preciosa paz interior que pode nos ajudar a vivermos melhor e a sermos mais felizes?

Esta *Pequena filosofia da paz interior* nos guiará pelos caminhos do silêncio e da serenidade, qualidades essenciais que nos tornam mais fortes e menos influenciados pelos imprevistos da vida. Cada página oferece uma reflexão a ser meditada, um novo comportamento a ser adotado, um questionamento a ser feito, uma solução a ser considerada... Por meio deles, tomamos consciência de que bastam algumas mínimas evoluções mentais para aos poucos conseguirmos mudar nossos comportamentos ou atitudes. Este livro possibilita uma "reconexão interna", pois nele encontramos uma forma de sabedoria que nos ajudará a viver melhor. A viver mais tranquilos.

Não há proselitismo ou receitas milagrosas nas páginas que seguem. Cada um deve tirar desses pensamentos, dessas reflexões, aquilo de que precisa para sua própria vida. Cada um deve fabricar sua própria filosofia de vida para ir ao encontro de sua felicidade. Pois não existe um método único e exclusivo para ser feliz na vida, mas tantas *pequenas filosofias* quanto pessoas desejosas de experimentá-las.

Inspirado em obras e pensadores antigos (gregos, chineses...), este livro ensina a sermos nós mesmos, a nos livrarmos das falsas aparências, a afirmarmos com calma e suavidade aquilo que somos, aquilo que pensamos, a não tentarmos parecer ou fingir, mas a alcançarmos nossa própria verdade e nossa própria plenitude.

A paz e a sabedoria não são noções abstratas, disposições mentais reservadas a mestres budistas ou sabe-se lá que tipo de gurus. Não, elas passam acima de tudo pelo reaprendizado da alegria, da leveza e da despreocupação, qualidades que fazem da infância um momento feliz e que sempre podem ser recuperadas.

Assim, esforçar-se para ser feliz sem razão aparente, lembrar-se de que pouquíssimas coisas ou acontecimentos merecem a importância que lhes atribuímos, tomar consciência da extrema fragilidade da vida, dos seres que nos cercam, das posições alcançadas, aceitar sem amargura ou angústia aquilo que acontece, de bom e não tão bom, aprender a renovar-se na calma e no silêncio... é buscar a *própria paz interior.*

Obrigando-nos a diminuir o ritmo, a nos desapegarmos... recuperamos o gosto de viver em harmonia com o mundo e encontramos uma forma de paz interior. Também aprendemos a nos livrar daquilo que nos atrapalha, dos desejos vãos ou das ambições irrisórias.

Para uma vida mais serena, sábia e pacífica.

Pensamento do 1º dia
1º de janeiro

Poder do dia

A cada dia temos o poder de criar a felicidade dentro de nós e ao nosso redor.

Pensamento do 2º dia
2 de janeiro

A arte da felicidade

A arte da felicidade consiste em tomar consciência de que a cada instante de nossa vida algo de bom acontece.

Pensamento do 3º dia
3 de janeiro

Projeção

Com o tempo, nos tornamos aquilo que pensamos e atraímos aquilo que esperamos.

Pensamento do 4º dia
4 de janeiro

O silêncio da felicidade

A felicidade é um grande silêncio.
É uma pena que na maioria das vezes só a notemos pelo barulho que faz ao partir.

Pensamento do 5º dia
5 de janeiro

Feliz aqui

A cada dia podemos encontrar um bom motivo para sermos felizes onde quer que estejamos.

Pensamento do 6º dia
6 de janeiro

Novo dia

Em meio ao infortúnio e à dor, lembrar-se de que nenhuma noite é escura o bastante para velar a certeza do amanhecer.

Pensamento do 7º dia
7 de janeiro

Pensamento positivo

Excluir do vocabulário expressões negativas como "não gosto", "não quero", "não posso", "não preciso", "não é justo"...
Elas nos condicionam a um pensamento negativo e destrutivo.
Optar por "gosto", "quero", "vou tentar", "tenho vontade", "por que não?"...
E ver em todas as oportunidades da vida ocasiões favoráveis à realização pessoal.

Pensamento do 8º dia
8 de janeiro

O que vai bem

E se, em vez de sempre levarmos em conta o que não vai bem, mudássemos nossa visão de mundo para aprender a levar em conta o que vai bem?

Pensamento do 9º dia
9 de janeiro

Tempo perdido

O tempo passado com queixas, lamentações, reclamações ou ruminações é um tempo perdido para o desenvolvimento e a realização pessoal.

Pensamento do 10º dia
10 de janeiro

Melhor

Ir ao encontro do próprio destino é estar convencido de que as escolhas que fazemos são as melhores para nós mesmos.

Pensamento do 11º dia
11 de janeiro

Humor

Lembrar que o pessimismo não passa de um estado de humor,
enquanto o otimismo é uma questão de vontade.

Pensamento do 12º dia
12 de janeiro

Quietude

Observar que a felicidade e a calma geralmente andam juntas.

Pensamento do 13º dia
13 de janeiro

Eu me perdoo

É preciso aprender a perdoar a si mesmo.

Pensamento do 14º dia
14 de janeiro

Um passo rumo à harmonia

Aprender a olhar para o mundo e para os outros com compaixão, sem preconceitos e sem segundas intenções, é dar o primeiro passo rumo a uma vida mais harmoniosa.

Pensamento do 15º dia
15 de janeiro

Rumo à felicidade

Trabalhar pela felicidade dos outros pode nos ajudar a alcançar a nossa.

Pensamento do 16º dia
16 de janeiro

Estou bem

A felicidade passa pela consciência do momento presente.

Pensamento do 17º dia
17 de janeiro

Condição

Impomos tantas condições a nossa felicidade... será sensato?

Pensamento do 18º dia
18 de janeiro

Divino!

O amor é necessariamente divino.
A prova é que ele faz milagres.

Pensamento do 19º dia
19 de janeiro

Riqueza

A maior riqueza na vida é ter um temperamento otimista e positivo.

Pensamento do 20º dia
20 de janeiro

Bem ou mal

Uma das maravilhas da existência é ter o poder de fazer o bem ou o mal.
A decisão é nossa.

Pensamento do 21º dia
21 de janeiro

No lugar

Estar em estado de graça é simplesmente sentir-se em seu lugar no universo.

Pensamento do 22º dia
22 de janeiro

Desgaste

A longo prazo, a má vontade e o mau humor desgastam qualquer felicidade.

Pensamento do 23º dia
23 de janeiro

Dia de amor

Não basta o sol nascer...
É preciso transformar a aurora em um dia de amor...

Pensamento do 24º dia
24 de janeiro

Felicidades mínimas

Dizer bom dia, sorrir, tomar seu tempo, vagar por alguns minutos, cheirar um buquê de flores, segurar a mão de uma criança, dizer "eu te amo"... Construir, desse modo, pequenas felicidades. Somadas, elas levam à Felicidade.

Pensamento do 25º dia
25 de janeiro

Compreender os outros

Às vezes basta fazer o exercício mental de colocar-se no lugar do outro para compreendê-lo melhor e ajudá-lo a resolver suas próprias angústias.

Pensamento do 26º dia
26 de janeiro

Força interior

O otimismo é a energia interior que nos faz seguir em frente sob qualquer circunstância... e que nos conduz à felicidade.

Pensamento do 27º dia
27 de janeiro

Ação

O que fazemos no dia a dia para tornar o mundo a nossa volta mais pacífico e mais justo?

Pensamento do 28º dia
28 de janeiro

Sem importância

Às vezes basta decidir que uma coisa não tem importância para que a percamos, como num passe de mágica.

Pensamento do 29º dia
29 de janeiro

Limpar o espelho

É fácil criticar os outros. Mas basta limpar o espelho para enxergar as próprias manias.

Pensamento do 30º dia
30 de janeiro

Suficiente?

Nunca somos bons ou generosos demais.
Somos apenas o suficiente.
E em geral menos que isso.

Pensamento do 31º dia
31 de janeiro

Alfabeto

Imaginemos o alfabeto da felicidade...
A de "amor",
B de "bem-estar",
C de "calma",
D de "dom"...

Pensamento do 32º dia
1º de fevereiro

Às vezes enganadora...

É preciso saber manter-se vigilante e prudente, pois a verdade nem sempre é aparente.

Pensamento do 33º dia
2 de fevereiro

O progresso de cada dia...

Lembrar-se de que, se não nos esforçarmos para progredir, recuaremos um pouco a cada dia.

Pensamento do 34º dia
3 de fevereiro

A empatia

Aprender a demonstrar empatia pelo outro, especialmente em situações sociais ou profissionais, permite expressar mais compreensão, escuta e confiança. As relações com os outros se tornam, assim, mais harmoniosas e tranquilas.

Pensamento do 35º dia
4 de fevereiro

Bondade?

Uma bondade comedida é uma mesquinharia dissimulada.
Para ser feliz, é preciso aprender a oferecer sem esperar nada em troca.

Pensamento do 36º dia
5 de fevereiro

Desprendimento consciente

Não é a leveza ou o desprendimento que fazem a felicidade.
É a consciência de que podemos ser leves e desapegados apesar dos contratempos e das vicissitudes da vida.

Pensamento do 37º dia
6 de fevereiro

Cooperação

Não devemos ver as exigências da vida como uma obrigação, mas como uma cooperação necessária. Elas imediatamente parecem mais leves.

Pensamento do 38º dia
7 de fevereiro

Derrota

A raiva sempre é uma derrota contra si mesmo.

Pensamento do 39º dia
8 de fevereiro

Esperar... por quê?

Muitas vezes pensamos, erroneamente, que a felicidade pode esperar.
Deveríamos tratá-la como uma urgência que não pode ser adiada para que não nos escape por entre os dedos.

Pensamento do 40º dia
9 de fevereiro

Concentrar-se

O futuro quase sempre é mais angustiante do que o presente.
Não seria uma boa razão para concentrar-se no momento presente?

Pensamento do 41º dia
10 de fevereiro

Amor-próprio

Não esperar ser perfeito para amar a si próprio.
O amor-próprio consiste em todos os dias reconhecer o milagre de sua própria vida.
Se amo a mim mesmo posso começar a amar os outros.
Pois só é possível compartilhar o que se tem.

Pensamento do 42º dia
11 de fevereiro

Dificuldades

O caminho para a realização pessoal está repleto de dificuldades.
É por elas que o reconhecemos.
Aquele que desiste no meio do caminho desiste de sua própria realização e, portanto, de si mesmo.

Pensamento do 43º dia
12 de fevereiro

No meio do nevoeiro

A luz interna é a forma de consciência que nos ajuda a navegar por entre dificuldades quando não sabemos direito para onde a vida está nos levando.

Pensamento do 44º dia
13 de fevereiro

Um pouco mais de paciência

A paciência vence todas as dificuldades.

Pensamento do 45º dia
14 de fevereiro

Recomeço

Cada manhã é uma página em branco, um recomeço, um renascimento.
Perceber as infinitas possibilidades oferecidas por essa tomada de consciência.

Pensamento do 46º dia
15 de fevereiro

Voz interior

Quando nos surpreendemos dizendo "foi o que pensei", é sinal de que não demos bons ouvidos a nossa consciência ou a nosso coração.
Ou a nossa pequena voz interior.

Pensamento do 47º dia
16 de fevereiro

Coragem para agir

O homem corajoso age e procura a causa.
O covarde desconfia, mas não se mexe.

Pensamento do 48º dia
17 de fevereiro

Estima

Não devemos querer ser amados a qualquer preço.
É um combate inútil, cheio de vaidade.
Basta tentarmos ser nós mesmos, nos esforçarmos para sermos justos, corretos, honestos.
A estima dos outros é nada mais que o fruto de nossa retidão moral.

Pensamento do 49º dia
18 de fevereiro

O que diz o coração

O coração é o sutil intérprete do pensamento e da natureza profunda.

Pensamento do 50º dia
19 de fevereiro

Postura

Quando adotamos uma postura calma numa situação de estresse acabamos tomando consciência da força de nossa serenidade.
E o que não passava de uma postura se torna um estado de espírito.

Pensamento do 51º dia
20 de fevereiro

Irrisórios

Com frequência excessiva nos orgulhamos de combates tão irrisórios...

Pensamento do 52º dia
21 de fevereiro

Satisfação

Se, internamente, não nos sentimos plenos e somos eternos insatisfeitos querendo sempre mais, como conceber a felicidade?
Sempre faltará uma pedra ao edifício.
A felicidade não pode estar submetida às vicissitudes materiais.
Ela deve estar livre de todos os desejos.

Pensamento do 53º dia
22 de fevereiro

Nunca perdido

A felicidade passa pela tomada de consciência de nosso potencial interno.
Sempre há tempo para evoluir, corrigir-se, desenvolver-se...
Pois nada está perdido, nem é definitivo.

Pensamento do 54º dia
23 de fevereiro

Atitude positiva

Aprender a ser tolerante, paciente, a abster-se de julgar, a optar por uma atitude positiva e aberta em todas as circunstâncias e assim evoluir na direção de uma vida feliz e harmoniosa.
Esta é uma chave que abre a via da felicidade.

Pensamento do 55º dia
24 de fevereiro

Aqueles que amamos

Nunca esquecer que a pessoa que amamos deve sempre ser aquela que privilegiamos.
O amor não é uma posse, mas uma construção diária.

Pensamento do 56º dia
25 de fevereiro

Devolver a felicidade a sua vida

Às vezes basta um gesto,
uma palavra,
uma mente aberta,
um sorriso,
para resolver um momento de tensão
e com isso trazer a felicidade de volta a sua vida.

Pensamento do 57º dia
26 de fevereiro

Fonte

A felicidade é um rio que nasce em nossa mente.

Pensamento do 58º dia
27 de fevereiro

Decisão

Mesmo que seja doloroso, mais cedo ou mais tarde é preciso tomar uma decisão.
Nada neste mundo está livre de inconvenientes.

Pensamento do 59º dia
28 de fevereiro

Cansaço

Manter a confiança, sempre... a infelicidade acaba cansando.

Pensamento do 60º dia
29 de fevereiro

O passado é passado

É inútil remoer o passado.
Não podemos jogar partidas já perdidas.
Devemos crescer com os ensinamentos, e seguir em frente.
O otimismo de hoje constrói as vitórias de amanhã.

Pensamento do 61º dia
1º de março

Horizontes

As fronteiras do possível são como a linha do horizonte.
Quanto mais avançamos, mais elas se afastam.

Pensamento do 62º dia
2 de março

Escolha

Vivemos hoje nossas escolhas de ontem.
Nosso futuro depende, portanto, de nossas decisões de hoje.

Pensamento do 63º dia
3 de março

Deixar viver

Para viver feliz, deixe viver...

Pensamento do 64º dia
4 de março

Ouvir...

A voz da consciência é tão fraca que só pode ser ouvida em meio ao silêncio e à tranquilidade.

Pensamento do 65º dia
5 de março

A consciência da felicidade

Depois de uma catástrofe, um drama, redescobrimos a simplicidade da felicidade.
Podemos dizer, assim, que a consciência da felicidade às vezes nasce da consciência do infortúnio.

Pensamento do 66º dia
6 de março

Música

Quando dirigir, coloque uma música suave. Isso contribuirá para evitar o instinto de agressividade à espreita em todos os motoristas, em todos os momentos.

Pensamento do 67º dia
7 de março

"Ver" mais longe

Para além das aparências,
buscar o essencial,
elevar-se acima das preocupações materiais da vida cotidiana,
levar sua mente a "ver" mais longe
para compreender o sentido oculto das coisas,
e experimentar uma sensação de felicidade profunda...

Pensamento do 68º dia
8 de março

Lucidez

O pensamento justo ocorre a uma mente calma e serena.
A raiva, o estresse e a pressa, pelo contrário, alteram e perturbam nosso julgamento.

Pensamento do 69º dia
9 de março

Limites...

Tomar consciência de seus limites é aprender a ser indulgente consigo mesmo.
Ao admitirmos isso, as chances de sermos felizes são multiplicadas.

Pensamento do 70º dia
10 de março

Cultivar seu jardim

A natureza tem um efeito tranquilizador.
Cercar-se o máximo possível de plantas, flores, em casa ou no local de trabalho.
Elas diminuem as radiações dos aparelhos eletrônicos e têm um efeito benéfico sobre a atmosfera.
Banir buquês murchos e águas estagnadas...
Zelar pelo bem-estar das plantas é trabalhar por nossa plenitude, pois elas exalam uma energia positiva.
Regá-las, falar e cuidar delas são antídotos contra o estresse.

Pensamento do 71º dia
11 de março

Pele nova

Uma atmosfera confinada asfixia o espírito e mata o entusiasmo...
Um das chaves para ficar cheio de ânimo consiste em fazer uma faxina na casa.
Esvaziar os armários,
livrar-se de roupas que não usa,
descartar papéis inúteis,
colocar fora a louça trincada,
Arejar...
Quanto mais nos desvencilhamos do que é velho e feio, melhor nos sentimos.
A novidade não consegue penetrar em espaços saturados.
O vazio cria vibrações positivas e uma nova felicidade vai aos poucos se instalando.

Pensamento do 72º dia
12 de março

Simples

A verdade é encontrada na simplicidade.

Pensamento do 73º dia
13 de março

Falar

A palavra é uma libertação.
Guardar os pensamentos dentro do coração nos encerra em nós mesmos e causa angústia, amargura e mau humor.

Pensamento do 74º dia
14 de março

Modéstia

A vaidade e o orgulho impedem a abertura da mente e a tomada de consciência.
Trabalhar todos os dias por mais modéstia.

Pensamento do 75º dia
15 de março

Agora

As coisas importantes não devem esperar, é preciso fazê-las agora e, acima de tudo, pessoalmente.

Pensamento do 76º dia
16 de março

Sorte?

A sorte nunca cai do céu. Ela é a soma de nossos desejos e dos meios colocados em ação para realizá-los.

Pensamento do 77º dia
17 de março

Sorte, de novo...

As pessoas que têm sorte sorriem?
Não, as que sorriem é que têm sorte.

Pensamento do 78º dia
18 de março

Ilusão

Dinheiro, imóveis, carros, posses... apenas simulacros da felicidade.

Pensamento do 79º dia
19 de março

Em nós

A felicidade que buscamos em toda parte está em nós mesmos.

Pensamentos
para o outono

Conto do outono
O jovem monge, os pássaros e os peixes

Em uma certa manhã mais leve do que as outras manhãs, um jovem monge budista, vestindo apenas manto e sandálias, foi meditar na beira do rio. Pensava que ali encontraria a calma e a serenidade necessárias a seu recolhimento. "Neste belo dia", pensou no caminho, "por que ficar fechado na triste sala do mosteiro?"

Quando chegou perto do curso de água, o jovem procurou um lugar para sentar. Escolheu a doce sombra de um salgueiro em meio a algumas flores. Com as pernas cruzadas em posição de lótus, a coluna ereta, os olhos semifechados, ele aos poucos acalmou a respiração e começou a meditar.

Logo foi distraído pelo chilreio dos pássaros e pela agitação dos peixes na água límpida. Aos poucos, esses ruídos, apesar de leves e naturais, cresceram dentro dele até se tornarem insuportáveis. Irritado, ele decidiu que não poderia meditar em semelhantes condições e decidiu suprimir a causa de sua distração. Movido por uma raiva que ainda não havia aprendido a moderar, levantou-se num salto e matou os pássaros e os peixes. Depois, a fim de livrar-se definitivamente e erradicar qualquer vestígio, fez deles sua refeição.

Depois de comer, voltou à postura e à meditação. Mas assim que fechou os olhos e concentrou sua mente, sentiu o estômago pesado e as tripas se retorcendo. Ele tinha comido demais e o peso da refeição o impedia de meditar.

Assim, não são os pássaros nem os peixes que nos perturbam, mas a maneira como os percebemos.

Pensamento do 80º dia
20 de março

Primeiro dia

Neste primeiro dia do outono, lembrar-se de que hoje é o primeiro dia do resto de nossas vidas. Cada manhã é um recomeço...

Pensamento do 81º dia
21 de março

Preservar seus sonhos

Não dar a ninguém o direito de destruir nossos sonhos.

Pensamento do 82º dia
22 de março

Acidentes de percurso

Os infortúnios, as preocupações, os problemas matrimoniais ou financeiros devem ser vistos como meros acidentes de percurso em nossa busca pela felicidade.
Pois sempre conseguimos superá-los.

Pensamento do 83º dia
23 de março

Controlar seus pensamentos negativos

Identificar os pensamentos negativos para canalizá-los em vez de deixar-se dominar por eles e deprimir-se.

Pensamento do 84º dia
24 de março

Reflexão

É inútil ruminar as preocupações.
Remoer paralisa e inibe, ao passo que uma reflexão sensata permite agir.

Pensamento do 85º dia
25 de março

Caleidoscópio

Imagens belas nos ajudam a experimentar emoções positivas.
Observar o nascer do sol,
as flores das árvores de uma praça pública,
o espetáculo do entardecer,
o céu estrelado...
Essas felicidades "minúsculas" nos tornam mais felizes e contribuem para embelezar nossa percepção do mundo.

Pensamento do 86º dia
26 de março

Dono da própria vida

Ter a sensação de controlar a própria vida é uma condição fundamental para aumentar a autoconfiança e sentir-se feliz.

Pensamento do 87º dia
27 de março

Amigo

Aprender a ver em cada pessoa um amigo em potencial, ao invés de desconfiar à primeira vista. Gerar felicidade estendendo a mão aos outros e considerando-os com benevolência.

Pensamento do 88º dia
28 de março

Em amizade

Para ser feliz é preciso saber viver em amizade consigo mesmo. Isso significa amar e respeitar a si próprio, cuidar de seu corpo e saber encontrar o equilíbrio certo entre a exigência saudável e a indispensável tolerância consigo mesmo.

Pensamento do 89º dia
29 de março

Vontade

A felicidade não é um acaso.
É uma vontade.
A escolha deliberada de ser mais feliz.
Sempre...

Pensamento do 90º dia
30 de março

A arte da felicidade

A felicidade é uma arte de viver.
Basta observar os que parecem felizes.
Eles não têm menos preocupações do que nós, mas sabem relativizá-las.

Pensamento do 91º dia
31 de março

Paciência...

Evitar, tanto quanto possível, perder a paciência.
Em certas circunstâncias, pode parecer difícil, mas tomar consciência disso já é ter paciência.

Pensamento do 92º dia
1º de abril

Destino

Seja a pé, de bicicleta, carro, trem, avião... a felicidade sempre deve ser o nosso destino.

Pensamento do 93º dia
2 de abril

Aliados

A autoconfiança e o otimismo são os maiores aliados da felicidade.

Pensamento do 94º dia
3 de abril

Sábio...

O otimista olha para o futuro.
O pessimista, para o passado.
O sábio se concentra no presente.

Pensamento do 95º dia
4 de abril

Missão

A busca da felicidade é a grande missão de nossa vida.
Nunca esquecer que cada um de nossos atos, cada uma de nossas decisões, deve, acima de tudo, contribuir para nos fazer mais felizes.

Pensamento do 96º dia
5 de abril

Reconhecimento

Se soubéssemos dizer a cada momento agradável e leve de nossa vida "Meu Deus, como sou feliz!" ou "Que felicidade!", seríamos mais felizes ainda.

Pensamento do 97º dia
6 de abril

Estoicismo...

Quando consideramos a felicidade uma ausência de infelicidade, cada pequena coisa insignificante é um passo rumo à sabedoria.

Pensamento do 98º dia
7 de abril

Exercício

O exercício físico, além de contribuir para nosso bem-estar, é um excelente desestressante.
É um calmante que faz com que nos adaptemos melhor às situações difíceis.

Pensamento do 99º dia
8 de abril

Atividades saudáveis

Quando nos dedicamos a uma atividade profissional, pessoal – como trabalhos manuais, jardinagem –, ou associativa, nos tornamos mais felizes.
Nossos pensamentos se tornam mais construtivos, mais positivos, sustentados por um sentimento de satisfação.
Não cometer o erro de parar quando não estamos bem.
Quando a mente está muito desocupada, as preocupações voltam a invadi-la.
E logo nos surpreendemos vendo o lado ruim das coisas.

Pensamento do 100º dia
9 de abril

Abrir-se para o mundo

Dedicar um pouco de seu tempo aos outros é uma excelente maneira de acabar com suas ansiedades e libertar-se de uma depressão passageira.
Observar como as pessoas que se queixam geralmente são as que vivem fechadas em si mesmas e que pouco se abrem para o mundo.
Conscientizar-se disso e evitar os monólogos, sempre.

Pensamento do 101º dia
10 de abril

A felicidade abstrata

Ser feliz é ter coisas imateriais (amor, amizade, espiritualidade...) que nem todo o ouro do mundo poderia comprar.

Pensamento do 102º dia
11 de abril

Isolar-se

Desligar o celular, apesar das "urgências", e conceder a si próprio algumas horas de verdadeiro descanso.
Criar seu próprio espaço de liberdade e felicidade afastando-se das pressões do mundo.

Pensamento do 103º dia
12 de abril

Perder

Amar é conscientizar-se de que sempre corremos o risco de perder quem amamos.
Estamos fazendo todo o possível para preservar e amar aquele ou aquela que amamos?

Pensamento do 104º dia
13 de abril

O fim do amor

O fim de um amor é uma coisa triste, mas não necessariamente o sinal de um fracasso.
Mesmo quando doloroso, é preciso aceitar quando um capítulo de nossa história pessoal chega ao fim.
Para que um novo possa começar...
E nos tornar ainda mais felizes.

Pensamento do 105º dia
14 de abril

Cada dia é uma promessa

Amanhã não será como ontem.
Um não depende do outro.
Toda manhã é um recomeço.
Assim, só depende de nós a reinvenção, hoje, de uma nova felicidade.

Pensamento do 106º dia
15 de abril

Remédio

O melhor remédio é o pensamento positivo.

Pensamento do 107º dia
16 de abril

A utilidade do bom humor

O bom humor torna forte e otimista.
Seu uso cria oportunidades de todos os tipos.

Pensamento do 108º dia
17 de abril

Oportunismo

O acaso não existe.
As pessoas felizes são as que têm confiança em si e que souberam ver em cada circunstância da vida uma oportunidade e uma chance de realização pessoal e êxito.

Pensamento do 109º dia
18 de abril

Plenitude

A disciplina e a vontade conduzem com precisão à plenitude e à felicidade.

Pensamento do 110º dia
19 de abril

Dividir os problemas

Quando conseguimos rir de uma situação enfadonha ou de um problema, sua importância é dividida por dois.

Pensamento do 111º dia
20 de abril

As vantagens da organização

Um universo desordenado gera pensamentos confusos.
Para ser mais feliz, mais sereno, mais calmo... Organize!

Pensamento do 112º dia
21 de abril

Fugaz

Cessemos de esperar por grandes acontecimentos. Um momento de felicidade fugaz ao longo do dia já é felicidade.

Pensamento do 113º dia
22 de abril

Quem?

Quem é feliz?
Aquele que decide sê-lo, na maioria das vezes...
Então o que estamos esperando?

Pensamento do 114º dia
23 de abril

Provérbio

Meditar sobre este provérbio chinês: "Casebre onde se ri vale mais do que palácio onde se chora".

Pensamento do 115º dia
24 de abril

Compartilhar

Inútil ficar sozinho,
prostrado, remoendo dificuldades e angústias.
Compartilhar com os amigos,
abrir-se, pedir conselhos...
Assim é que começamos a desfazê-las,
e nos aproximamos da serenidade.

Pensamento do 116º dia
25 de abril

O que ainda queremos

Para dar um passo rumo à felicidade...
Basta contentar-se com o que se tem e esquecer o que ainda se quer.

Pensamento do 117º dia
26 de abril

Urgência

Nosso tempo é curto neste mundo.
A vida é frágil.
Os amigos vêm e vão,
levados pelo turbilhão da vida.

Nossos familiares não existirão para sempre.
Tudo é provisório.

Ser feliz é uma urgência, aqui e agora.

Pensamento do 118º dia
27 de abril

Reencontro...

Convidar os amigos, a família,
criar espaço para reencontros, trocas, riso, calor...
e felicidade.

Pensamento do 119º dia
28 de abril

Vitória

Cada momento de felicidade, alegria e bem-estar deve ser visto como uma vitória sobre o marasmo circundante.

Pensamento do 120º dia
29 de abril

Talento

Saber reconhecer e apreciar os pequenos momentos de felicidade é um verdadeiro talento.

Pensamento do 121º dia
30 de abril

Acalmar...

Cuidado...
A hiperatividade muitas vezes é o reflexo de uma profunda ansiedade.

Pensamento do 122º dia
1º de maio

A invenção da felicidade

Neste dia de descanso,
lembrar-se de que a felicidade não precisa ser descoberta.
Ela precisa ser inventada.

Pensamento do 123º dia
2 de maio

Ações

Nossas ações, e não nossas palavras, dizem quem somos.

Pensamento do 124º dia
3 de maio

Dias melhores virão

As pequenas mudanças feitas hoje em nós mesmos são a garantia de que dias melhores virão.

Pensamento do 125º dia
4 de maio

Passageiro

Uma boa razão para continuar otimista apesar das preocupações e das obrigações... é lembrar-se de que tudo passa.

Pensamento do 126º dia
5 de maio

Ganhar

Ser positivo é olhar para o futuro com a certeza do sucesso.

Pensamento do 127º dia
6 de maio

Quem semeia...

Se nossas ações forem sempre comuns, não poderemos esperar resultados fora do comum.

Pensamento do 128º dia
7 de maio

Força

Não existe força maior do que a força do pensamento, seja ela positiva ou negativa. Aprendamos a utilizá-la, portanto, e a ter cuidado com ela.

Pensamento do 129º dia
8 de maio

Impasse

Angústias e sentimentos negativos não levam a lugar algum.
São os esforços que fazemos para extingui-los que nos levam a progredir.

Pensamento do 130º dia
9 de maio

É hora

É hora de respirar,
é hora de acreditar,
é hora de sorrir,
é hora de amar,
é hora de ser feliz,
até que enfim...

Pensamento do 131º dia
10 de maio

O sorriso do futuro

Permanecer calmo e aberto perante o futuro.
Manter a confiança.
Ele irá sorrir para nós.

Pensamento do 132º dia
11 de maio

A beleza da imperfeição

Em vez de correr atrás da perfeição, aprender a amar e a aceitar tudo o que não é perfeito.

Pensamento do 133º dia
12 de maio

Reencontrar-se

Coragem é a força de sair das estradas já percorridas para encontrar seu próprio caminho.

Pensamento do 134º dia
13 de maio

A festa da vida

Nos dias bonitos,
quando o sol volta,
quando as árvores se ornam de folhas novas,
quando as crianças brincam no parque,
ou quando conversamos tranquilamente com um amigo,
tomar consciência de que a festa da vida está em seu apogeu.
E que tudo é bonito. Não é mesmo?

Pensamento do 135º dia
14 de maio

Frescor

Molhar os pés num córrego, num rio ou no mar sempre provoca uma sensação de bem-estar.
Observar como a mente fica mais clara quando os pés se refrescam...

Pensamento do 136º dia
15 de maio

Escuta de si

A paz interior e a tranquilidade nascem da escuta de si.

Pensamento do 137º dia
16 de maio

Transformar-se

Não são os outros que devemos querer que evoluam a todo custo, para que adotem nossa visão de mundo.
Mas nós mesmos.

Pensamento do 138º dia
17 de maio

A plenitude

Uma vida plena é a que avança sem remorsos em relação ao passado,
feliz no momento presente e confiante no futuro.

Pensamento do 139º dia
18 de maio

Consciência pesada

A consciência pesada é como uma pequena pedra no sapato.
Ela não nos impede de caminhar, mas a sentimos o tempo todo.

Pensamento do 140º dia
19 de maio

Lebre ou tartaruga?

Como na fábula da lebre e da tartaruga, para colher os melhores frutos da vida não é preciso ser o mais rápido, mas o mais perseverante.

Pensamento do 141º dia
20 de maio

Possibilidades...

Ampliar o seu campo de possibilidades, trabalhando, perseverando e acreditando em si mesmo. Uma bela manhã acordaremos surpresos com o caminho percorrido,
felizes e orgulhosos.
Quantas pessoas realizaram assim os sonhos que pensavam fora de seu alcance?

Pensamento do 142º dia
21 de maio

Soltar...

Nossos desejos não devem ser obsessões confusas, mas objetivos claramente definidos e realizáveis.

Pensamento do 143º dia
22 de maio

Meio cheio ou meio vazio

Assim como dizemos de um copo,
"está meio cheio ou meio vazio",
não são as situações que importam,
mas a maneira de percebê-las.

Pensamento do 144º dia
23 de maio

Útil

Nos sentimos felizes quando nos sentimos úteis.

Pensamento do 145º dia
24 de maio

Não impor sua visão de mundo

Inútil querer que as pessoas mudem "para o bem delas".
Agir assim é tentar impor sua própria visão de mundo.
Para fazer a felicidade de uma pessoa, é preciso, acima de tudo, aceitá-la do jeito que ela é.

Pensamento do 146º dia
25 de maio

Com o tempo

Com o tempo nos tornamos aquilo que pensamos.

Pensamento do 147º dia
26 de maio

Banho de otimismo

Repetir para si mesmo: "Os dias mais maravilhosos da minha vida ainda estão por vir". Conservar, assim, um otimismo a toda prova.

Pensamento do 148º dia
27 de maio

Um começo

O momento presente é um começo.

Pensamento do 149º dia
28 de maio

Resistir ao tempo

Temos a idade de nosso humor.
É por isso que as pessoas alegres sempre parecem jovens, cheias de entusiasmo e otimismo.

Pensamento do 150º dia
29 de maio

Por que esperar?

Muitas pessoas sabem, no fundo de si mesmas, o que precisam fazer para serem mais felizes, mais realizadas, mais tranquilas...
Mas poucas o fazem.

Pensamento do 151º dia
30 de maio

Em si

Tudo começa dentro de nós mesmos, tanto a paz quanto a guerra.

Pensamento do 152º dia
31 de maio

Objetivo

Ter um objetivo claramente definido para o qual se avança a cada dia,
talvez devagar,
mas com constância,
acalma a mente e contribui para a consciência da própria felicidade.

Pensamento do 153º dia
1º de junho

Entregar-se à vida

Parar de resistir à vida.
Atirar-se em seus braços, confiar nela...
Ela nos ama mais do que imaginamos.

Pensamento do 154º dia
2 de junho

Concessão

Fazer concessões não é humilhar-se.
Não importa que o outro se aferre a suas posições.
Não somos os mais fracos quando cedemos, somos os mais sábios.

Pensamento do 155º dia
3 de junho

Paz...

Pensamentos de paz são como ondas de tranquilidade e bem-estar.
O organismo se alimenta deles em busca de mais serenidade.
Tranquilidade (no viver) rima com felicidade.

Pensamento do 156º dia
4 de junho

Liberdade

A liberdade é um bem precioso.
Pena termos tão pouca consciência dela e sabermos tão pouco utilizá-la.

Pensamento do 157º dia
5 de junho

Livre, sempre...

Podemos tudo, se quisermos.
Somos livres para agir e para nos libertar das amarras.
Às vezes, melhor dar um grande chute num formigueiro do que atrofiar-se preso a tudo o que corrói nossa alma.

Pensamento do 158º dia
6 de junho

Sol interior

Tornar-se meteorologista.
Imaginar um sol no coração.
Visualizá-lo e sentir seu calor se espalhando.

Pensamento do 159º dia
7 de junho

As lições da vida

A lição tirada de um fracasso cedo ou tarde levará ao sucesso.

Pensamento do 160º dia
8 de junho

Em forma

Tudo o que nos faz feliz é bom para a saúde.

Pensamento do 161º dia
9 de junho

Acredito em mim

Ser positivo é ter a força de acreditar em si mesmo e convencer-se de estar à altura de qualquer situação.

Pensamento do 162º dia
10 de junho

O aprendizado da felicidade

Estamos neste mundo para aprender, progredir e ser felizes.
Convencer-se disso para encontrar forças para enfrentar qualquer situação.

Pensamento do 163º dia
11 de junho

Colheitas

Um esforço nunca é vão.
Pois cedo ou tarde colheremos seus frutos.

Pensamento do 164º dia
12 de junho

Acabar um capítulo

A vida é como um livro.
É preciso virar as páginas para avançar, e às vezes decidir terminar um capítulo que adoramos.

Pensamento do 165º dia
13 de junho

Os olhos da alma

Muitas vezes não são nossos olhos que enxergam, mas nosso estado de espírito.

Pensamento do 166º dia
14 de junho

Lembrança do verão

O verão parece tão longe ao longo do outono.
Por que não comprar um disco de cantos de pássaros ou cigarras?
Escutá-lo de olhos fechados, deixando-se invadir pela suavidade da atmosfera daqueles belos dias.

Pensamento do 167º dia
15 de junho

Acreditar...

O vitorioso nem sempre é o mais forte.
É aquele que se acredita capaz.

Pensamento do 168º dia
16 de junho

Os que não estão mais aqui

Os ausentes olham por nós com benevolência.
Se pudessem voltar à Terra por alguns segundos,
gostariam de nos ver felizes, não aflitos.
Em memória a eles, construamos nossa felicidade.
É uma bela homenagem.
Guardando-os em nosso coração.

Pensamento do 169º dia
17 de junho

Os óculos da vida...

A felicidade só precisa ser avistada.
Mudar de óculos,
de ponto de vista,
de perspectiva.
Perseverar,
olhar melhor,
ela com certeza não está longe...

Pensamento do 170º dia
18 de junho

Vitória

Cada mudança de humor reprimida, cada raiva contida é uma vitória sobre si mesmo.
Um passo dado rumo à serenidade.

Pensamento do 171º dia
19 de junho

Pensamento positivo

Como um músculo, o pensamento positivo pode ser exercitado, mantido e desenvolvido.
Para isso, é preciso:
obrigar-se a relativizar,
não dramatizar,
pensar numa solução em vez de se lamentar,
ter certeza de que encontraremos a positividade,
acreditar em si...
e sorrir ao pensar que, amanhã, tudo isso será passado, e quem sabe até esquecido.

Pensamentos
para o inverno

Conto do inverno
Quem semeia a raiva

No Japão antigo, uma bela jovem chamada Anshi se casou com um humilde funcionário. Ele vivia com a mãe, uma velha azeda e desagradável, que recebeu de má vontade a intrusa que se tornara sua nora. A odiosa sogra se pôs a sobrecarregar Anshi com tarefas ingratas: cozinhar, lavar, varrer. A infeliz trabalhava sem descanso o dia todo, recebendo como agradecimento apenas palavras duras e humilhantes.

A cada dia a cruel sogra renovava suas críticas, com uma perpétua má-fé e um humor execrável. Anshi sofria em silêncio, pois a tradição da época proibia a falta de respeito para com os sogros.

No entanto, a jovem fazia de tudo para tentar conquistar a sogra e estabelecer uma relação mais tranquila. Ela a ajudava, se esforçava para estar a seu lado, mas nada adiantava. A mãe de seu marido gostava de manter um clima de tensão e de estresse.

Um dia, enquanto a infeliz Anshi preparava o arroz no fogão da cozinha familiar, ela ouviu, mais uma vez, as críticas injustificadas da sogra. Esta estava furiosa porque achava que o fogo estava alto demais e temia que o arroz passasse do ponto. Cansada de lutar, Anshi retirou um pedaço de madeira em chamas do forno e, porque estava no limite de sua paciência, atirou-o pela janela.

Por falta de sorte, o galho incandescente caiu em uma ovelha que passava e incendiou sua lã. Enlouquecido, o animal fugiu e atirou-se sobre um monte de palha, que logo se inflamou. Como o vento estava forte naquele dia, o fogo chegou aos estábulos e às estrebarias. Os cavalos e as vacas fugiram e, na corrida, destruíram a casa de um vizinho. Este, furioso, veio pedir uma reparação e brigou com a família. A agitação e os combates se estenderam de um em um, de aldeia em aldeia, de província em província, e a guerra devastou o país.

Assim, podemos ver o que a maldade de uma única pessoa pode gerar. Ações negativas produzem efeitos negativos. Nunca colhemos paz quando semeamos a guerra e a discórdia.

A cada dia devemos trabalhar pela harmonia e pela felicidade. Nunca esquecer que "o bater de asas de uma borboleta pode mudar o curso das estrelas" (provérbio zen).

Pensamento do 172º dia
20 de junho

Mudar

Qualquer um pode modificar o curso de sua vida e ser mais feliz mudando de atitude e de comportamento.

Pensamento do 173º dia
21 de junho

Sorriso de inverno

Ao cair da noite, quando a lua assume uma delicada forma crescente num estrelado céu de inverno, erguer a cabeça,
e imaginar que o universo nos sorri.
Saudar o início do inverno.

Pensamento do 174º dia
22 de junho

Esperança...

Pois a primavera sempre sucede ao inverno...

Pensamento do 175º dia
23 de junho

Carisma

As pessoas carismáticas são abertas, sorridentes, calorosas, boas ouvintes.
É por isso que dão aos outros vontade de se parecerem com elas.

Pensamento do 176º dia
24 de junho

Dor

Uma grande dor pode ajudar a nos superarmos e a criarmos algo belo.

Pensamento do 177º dia
25 de junho

Devir

O que somos nem sempre depende de nós, mas o que nos tornamos, sim.

Pensamento do 178º dia
26 de junho

Presentes... provações...

A vida é feita de muitos presentes e de algumas grandes provações.
Por que sistematicamente lembrar dos piores e esquecer das maravilhas cotidianas do devir?

Pensamento do 179º dia
27 de junho

Grandioso...

Nada grandioso é realizado sem vontade.

Pensamento do 180º dia
28 de junho

Espelho...

As personalidades mais notáveis,
e com frequência as mais felizes,
são as que conseguem se olhar diretamente no espelho
e, com isso, mudar seus comportamentos negativos.

Pensamento do 181º dia
29 de junho

Presente = felicidade

Quando pensamos no passado sentimos remorsos.
Quando pensamos no amanhã ficamos ansiosos.
Somente o presente é capaz de nos trazer felicidade.

Pensamento do 182º dia
30 de junho

Sorte!

Estar vivo é uma sorte: aproveite!

Pensamento do 183º dia
1º de julho

O otimista ri para esquecer.
O pessimista esquece de rir.
O primeiro é sensato.
O segundo é louco.

Pensamento do 184º dia
2 de julho

Controlar seus pensamentos

Ora somos prisioneiros, ora somos senhores dos nossos pensamentos.
A felicidade consiste em canalizar os devaneios da mente para não sermos mais seus escravos.

Pensamento do 185º dia
3 de julho

Estado de espírito

Bens,
dinheiro,
reconhecimento,
não bastam.
A felicidade é impossível para quem alimenta pensamentos negativos.

Pensamento do 186º dia
4 de julho

Água corrente

Estique as mãos,
e imagine que o presente escorre por entre seus dedos como água corrente.

Pensamento do 187º dia
5 de julho

Festa

Hoje não é como ontem.
É um novo dia a ser inventado.
Os problemas acabaram,
o futuro é rico em promessas,
o presente é uma festa.
A felicidade do dia de hoje só depende de nós.

Pensamento do 188º dia
6 de julho

Um passo a mais

Adiantar o serviço no trabalho,
correr cem metros a mais ao se exercitar,
arrumar uma prateleira extra...
Ampliar os limites em todas as esferas da vida.
Cada vez que damos um passo a mais do que o previsto,
somos invadidos por uma imensa sensação de contentamento e orgulho pessoal.

Pensamento do 189º dia
7 de julho

O que queremos

Concentrar a mente naquilo que se quer,
e não naquilo que não se quer.

Pensamento do 190º dia
8 de julho

Temores vãos

Nada parece impossível a quem não teme os insucessos.

Pensamento do 191º dia
9 de julho

Centelha

O otimismo é como uma luz intensa que levamos dentro de nós e que se recusa a apagar, qualquer que seja a força dos ventos do infortúnio.

Pensamento do 192º dia
10 de julho

Entusiasmo

O entusiasmo é uma brisa fresca que varre as emoções negativas, purifica a atmosfera e nos enche de energias renovadas.

Pensamento do 193º dia
11 de julho

Iluminações

Uma pequena e singela felicidade, quando sabemos apreciá-la, pode iluminar nosso dia e transformá-lo em festa.

Pensamento do 194º dia
12 de julho

Cem por cento

Como na loteria, cem por cento das pessoas que venceram na vida tentaram sua sorte.

Pensamento do 195º dia
13 de julho

Reconciliar-se consigo mesmo

Não pode haver vida serena e tranquila para quem não se reconcilia consigo mesmo.

Pensamento do 196º dia
14 de julho

A estrada da vida

Lembrar-se de que o caminho é tão importante quanto o destino.
Aproveitar a paisagem,
pois, se um obstáculo imprevisto sobrevier e nos obrigar a renunciar a nosso propósito,
restará a lembrança de uma bela caminhada.
Assim, a busca de um objetivo não deve nos impedir de apreciar a vida dia a dia.

Pensamento do 197º dia
15 de julho

Transformação

Após cada erro, operar uma transformação dentro de si.
Mesmo que mínima.
Ela é a prova de que a lição foi assimilada.

Pensamento do 198º dia
16 de julho

Esperança

Mesmo que pareça escura, a noite não é absoluta.
A esperança de dias melhores nunca está longe.

Pensamento do 199º dia
17 de julho

Acreditar em si, sempre

Acreditar em si,
em sua capacidade de vencer,
de ser feliz.
Acreditar que nada é impossível,
conscientizar-se de que não existe limite que não
possa ser ultrapassado.
Ficar feliz com essas perspectivas...
E sentir o que acontece dentro de si...

Pensamento do 200º dia
18 de julho

Ondas...

Nesta manhã invernal, tirar alguns minutos para respirar lenta e profundamente,
comparar o movimento do ar dentro do corpo com o vaivém das ondas na areia.
Entrar dentro si mesmo para que corpo e espírito se tornem unos.
Ficar concentrado por alguns minutos,
fechar os olhos,
mais um pouco...
Conscientizar-se da calma que nos invade, e da felicidade que se instala em nós.

Pensamento do 201º dia
19 de julho

Maravilhamento

Se tomássemos consciência de tudo o que somos capazes de fazer,
ficaríamos maravilhados com tantas possibilidades.

Pensamento do 202º dia
20 de julho

Todos os dias

É mais importante amar a cada dia do que prometer amar para sempre.

Pensamento do 203º dia
21 de julho

Amar e ser amado

Lembrar que a única e verdadeira felicidade da vida,
o sentido absoluto de nossa existência,
é amar e ser amado.

Pensamento do 204º dia
22 de julho

Não se queixar

Não se deixar invadir por sentimentos negativos.
A infelicidade se alimenta dela própria.
Queixar-se prolonga o sofrimento,
e esforçar-se para ver as coisas pelo lado bom o reduz.

Pensamento do 205º dia
23 de julho

Autoestima

A autoestima é indispensável para nossa autorrealização.
A cada dia, fazer um gesto, mesmo mínimo, que nos alegre,
pois não se pode querer estar bem com os outros quando se está mal consigo mesmo.
Esta é uma das regras da felicidade.

Pensamento do 206º dia
24 de julho

Exigência demais prejudica

Alegando exigência, alguns vivem em guerra consigo mesmos, e com os outros.
A busca da perfeição torna-se uma escravidão e um obstáculo.
Quanto tempo perdido e quanto desperdício!
A felicidade é mais simples...
Basta suavidade e tolerância para atingir a plenitude.

Pensamento do 207º dia
25 de julho

O mundo que nos cerca

Ser tolerante e aceitar as diferenças são as maneiras mais eficazes de viver em harmonia com o mundo que nos cerca.

Pensamento do 208º dia
26 de julho

Prática

O bom humor se adquire na prática.

Pensamento do 209º dia
27 de julho

Apreciar o que fazemos

A plenitude consiste em atribuir valor positivo a tudo o que realizamos.

Pensamento do 210º dia
28 de julho

Mais devagar, mais baixo...

Falar mais devagar,
mais baixo,
controlar os gestos,
respirar lentamente,
relaxar o rosto...
e sentir a serenidade nos invadindo aos poucos...

Pensamento do 211º dia
29 de julho

Gentileza

As pessoas altruístas com frequência são mais felizes do que as que calculam e medem sua generosidade.

Pensamento do 212º dia
30 de julho

Apaziguamento

Para acalmar uma pessoa estressada ou angustiada, dirigir-se a ela com voz pausada, gestos lentos e palavras doces.
Observar como o efeito é instantâneo.

Pensamento do 213º dia
31 de julho

Sol de inverno

Contemplar um pôr do sol no inverno.
Vê-lo ficar vermelho e depois cair lentamente no horizonte.
Perceber a cor cambiante da paisagem.
Os matizes do céu.
Assistir ao progressivo desaparecimento do astro ao longe.
Observar os últimos raios que cintilam fora de nosso campo de visão.
E ver como nos sentimos serenos, invadidos pela beleza do momento.

Pensamento do 214º dia
1º de agosto

Possibilidades

Os pensamentos positivos são criativos, estimulantes, construtivos...
Eles invadem nosso corpo e nossa mente com uma energia tônica.
Os pensamentos negativos são o exato oposto.
Eles nos atrofiam e reduzem o campo de nossas possibilidades.

Pensamento do 215º dia
2 de agosto

Porta interior

Respirar lentamente,
abrir sua porta interior,
e deixar a felicidade, a calma e a suavidade penetrarem dentro de nós.

Pensamento do 216º dia
3 de agosto

A força do amor

O amor acaba com a dor e dá forças para superar as dificuldades.

Pensamento do 217º dia
4 de agosto

Não temos culpa

Apesar dos erros e arrependimentos, é inútil punir-se.
É preciso aprender a amar a si mesmo em todas as experiências da vida.
Não pensar em culpa.
Aprende-se, só isso.

Pensamento do 218º dia
5 de agosto

Ao máximo

Amar a si mesmo permite viver suas possibilidades ao máximo.

Pensamento do 219º dia
6 de agosto

Desejos

Meditar sobre esta bela frase de santo Agostinho: "Felicidade é continuar a desejar o que temos".

Pensamento do 220º dia
7 de agosto

Amar um dia de inverno

Amar é finalmente compreender a intensidade do momento presente.

Pensamento do 221º dia
8 de agosto

Realizar-se a cada dia

A felicidade nasce da sensação de plenitude no dia a dia.
Cumprir seu planejamento,
gerenciar suas prioridades,
desencarregar-se das obrigações,
em vez de adiar o momento de enfrentá-las...
Cada missão cumprida,
mesmo que sem importância,
nos permite dar um passo na direção da serenidade e da autorrealização.

Pensamento do 222º dia
9 de agosto

Tomar consciência

De tempos em tempos, é preciso saber interromper o fluxo incessante de suas atividades e ficar em silêncio...
Para pensar na felicidade.

Pensamento do 223º dia
10 de agosto

Aqui...

A felicidade está onde nós estamos.
Sempre.

Pensamento do 224º dia
11 de agosto

Círculo vicioso

A qualquer momento é possível interromper um círculo vicioso: conflito, estresse, problemas financeiros ou profissionais
apenas mudando de desejo ou de comportamento. Ter essa iniciativa é mais fácil do que parece.

Pensamento do 225º dia
12 de agosto

Por muito pouco...

Quando analisamos o que nos contrariou ao longo do dia, percebemos que por muito pouco tudo teria sido diferente.
Às vezes, uma minúscula mudança de atitude de nossa parte pode evitar conflitos, estresses e dissabores...

Pensamento do 226º dia
13 de agosto

Gratificação

O amor é um dos maiores fundamentos de nossa vida:
amando-nos, o outro nos dá confiança e reforça nossa especificidade.
Ele confirma nossa existência da maneira mais gratificante que pode haver.

Pensamento do 227º dia
14 de agosto

Pensar em si

Um dia ao longo do qual não se tomou tempo para pensar em si não pode ser um dia completamente bom.

Pensamento do 228º dia
15 de agosto

Companhia

Temos a companhia que merecemos.
Observar o que nos cerca.
Nossa companhia é formada por pessoas alegres, entusiasmadas, construtivas?
Evitar conviver com espíritos derrotistas, amargurados ou rancorosos.
A regra é simples.
Se quisermos ser felizes, melhor preferir a companhia de pessoas positivas.
Pois o otimismo é tão contagioso quanto o pessimismo.

Pensamento do 229º dia
16 de agosto

A felicidade dos outros

Muitas vezes temos tendência a invejar a felicidade dos outros.
O paradoxo é que os outros também invejam a nossa.
Isso prova que nunca somos tão infelizes ou desfavorecidos quanto pensamos.
Portanto, paremos de nos queixar.

Pensamento do 230º dia
17 de agosto

O milagre do amor

O amor...
é mantido,
alimentado,
protegido,
preservado...
Façamos de tudo para prolongar este milagre: amar e ser amado.
O que fizemos hoje para enriquecer nosso universo de amor?

Pensamento do 231º dia
18 de agosto

Miserável

Não há riqueza maior do que o amor.
Sem ele somos miseráveis.
Ao fim da vida entenderemos que ele é a única coisa que vale a pena ser vivida.

Pensamento do 232º dia
19 de agosto

Estabelecer sua diferença

Não temer ser original,
diferente,
singular...
Lembrar que as grandes invenções, os progressos e as descobertas emanaram, em todas as épocas, de personalidades audaciosas que ousaram aventurar-se para fora dos trilhos.

Pensamento do 233º dia
20 de agosto

Fuga...

Estar sobrecarregado pode nos dar a impressão de que "existimos", de que vivemos intensamente, mas, olhando de perto, este é um sinal de dispersão de nosso ser.
E às vezes de fuga.

Pensamento do 234º dia
21 de agosto

O essencial

Tragédias, doenças e mortes prematuras... regularmente nos lembram de que nosso tempo é contado. E que urge realizar o que realmente importa.

Pensamento do 235º dia
22 de agosto

Espelho

Sempre é útil ouvir o que nossos inimigos pensam de nós.
Eles veem nossos defeitos melhor do que nossos amigos.
Temos muito a aprender com eles.

Pensamento do 236º dia
23 de agosto

Descarregar a tensão

Uma discussão, mesmo animada, pode ser benéfica para descarregar a tensão.
Como uma tempestade que deixa o ar mais leve e fresco.

Pensamento do 237º dia
24 de agosto

Segredos?

Viver cultuando segredos é sinal de falta de confiança em si mesmo, não nos outros.

Pensamento do 238º dia
25 de agosto

Mudar

Aceitar mudar não é negar a si mesmo.
É decidir progredir no caminho da autorrealização.

Pensamento do 239º dia
26 de agosto

A lição de um erro

Um erro não é um erro, mas uma lição.
É preciso tirar proveito de seu ensinamento para não reincidir.

Pensamento do 240º dia
27 de agosto

Apreço

Em geral temos pouco apreço por aquilo que não nos foi custoso. Por isso, nossa felicidade será ainda mais saboreada se não pouparmos esforços para conquistá-la.

Pensamento do 241º dia
28 de agosto

No controle

Para manter e recuperar a calma, repetir-se mentalmente "estou calmo", "continuo zen", "meu pulso está lento", "estou no controle"... respirando lenta e profundamente.
Podemos aos poucos aprender a dominar nossos arrebatamentos.

Pensamento do 242º dia
29 de agosto

A felicidade reencontrada

A felicidade reencontrada tem o sabor da felicidade somado ao da consciência de sua fragilidade. Ela é ainda mais valiosa.

Pensamento do 243º dia
30 de agosto

Sentido

Dedicar-se aos outros pode ajudar a dar um novo sentido à vida.

Pensamento do 244º dia
31 de agosto

O milagre do amor

O amor embeleza o presente, torna preciosas as lembranças e doce a espera.

Pensamento do 245º dia
1º de setembro

Sem remorso

A pior coisa não é fracassar, mas não tentar.

Pensamento do 246º dia
2 de setembro

Coragem de escolher

É preciso ter coragem para mudar o que não vai bem em sua vida.
Tomar decisões.
Ir contra si mesmo, se necessário.
Contra o fácil, o habitual.
Ouvir a voz da consciência.
Pesar o contra e o favor.
Lembrar-se de que toda escolha implica uma renúncia, e que viver é escolher.
Depois de refletir bastante, caminhar com passo firme na direção do que nos faz mais felizes.

Pensamento do 247º dia
3 de setembro

Decisão

Se as coisas que fazemos não nos tornam felizes, melhor renunciar a elas!

Pensamento do 248º dia
4 de setembro

Autossugestão

Dizer uma vez por dia, inspirando profundamente: "Estou bem".
E experimentar o bem-estar resultante dessa afirmação.

Pensamento do 249º dia
5 de setembro

O sentido das provações

Mesmo dolorosas,
as provações são necessárias ao autoconhecimento.

Pensamento do 250º dia
6 de setembro

Positivo sempre

Para ser feliz, esforçar-se para ver o aspecto positivo de todas as coisas.

Pensamento do 251º dia
7 de setembro

O altruísmo

O egoísmo encarcera, atrofia ou resseca a alma.
O altruísmo, porque é um dom de si, satisfaz e abre todas as portas...
a começar pela da paz interior.

Pensamento do 252º dia
8 de setembro

Uma alma de criança!

Observar como ficamos felizes quando, no meio do dia, nos divertimos por voltar à infância:
comprar um pacote de balas,
fazer uma enorme bola de chiclete,
tomar um sorvete e gozar do prazer de saboreá-lo,
jogar videogame,
construir uma cabana,
contar uma piada,
saltar de pés juntos numa poça d'água,
rir às gargalhadas por besteiras...
É incrível como as brincadeiras infantis deixam a alma pura!

Pensamento do 253º dia
9 de setembro

Para si...

Ao menos uma vez por dia reservar um tempo para fazer alguma coisa de que realmente se gosta: Praticar esportes, cozinhar, pintar, dar uma caminhada, tomar um drinque num bar, ler algumas páginas de um livro... não importa!
Saborear, nesses momentos, a imensa felicidade que sentimos quando nos permitirmos alguns prazeres...

Pensamento do 254º dia
10 de setembro

Relaxamento

Relaxar a fronte,
afrouxar os maxilares,
esboçar um sorriso,
girar os ombros...
Alguns exercícios do rosto e do tórax podem ajudar a relaxar quando estamos sob pressão.

Pensamento do 255º dia
11 de setembro

Importância?

Para que um problema não se transforme em algo desmesurado em nosso inconsciente, perguntar-se qual a importância que ele terá dentro de um dia, uma semana, um mês.
Esse exercício ajuda a relativizar e a não nos preocuparmos mais do que o necessário.

Pensamento do 256º dia
12 de setembro

Lucidez

O pensamento justo ocorre a uma mente calma e serena.
A raiva, o estresse e a pressa, pelo contrário, alteram e perturbam nosso julgamento.

Pensamento do 257º dia
13 de setembro

Tudo é possível

O pior é sempre possível.
Mas o melhor também...
É preciso ter essa certeza enraizada dentro de si.
Pois a confiança é o maior escudo com que podemos enfrentar as angústias e infortúnios.

Pensamento do 258º dia
14 de setembro

Calmante

Uma explosão de riso age como um poderoso calmante.
Observar como nos sentimos mais descontraídos e mais aptos a relativizar nossos problemas depois de uma franca dose de gargalhadas.

Pensamento do 259º dia
15 de setembro

Ponto de vista

Toda deficiência pode se revelar um trunfo; um inconveniente, uma vantagem.
Nunca devemos nos desesperar.
A vida é uma questão de visão e de ponto de vista.

Pensamento do 260º dia
16 de setembro

Mover-se

Não ficar parado num mundo em movimento.
Evoluir com ele.
Aceitar a mudança com um sorriso.
Tentemos compreender, em vez de nos retesarmos e decretarmos que "era melhor antes".
De todo modo, não temos escolha.

Pensamento do 261º dia
17 de setembro

Tolerância

O medo gera ódio.
Ter a mente aberta e tolerante pode resolver muitos conflitos e contribuir para criar a paz a seu redor.

Pensamento do 262º dia
18 de setembro

Além das dúvidas

"Se avançares, morrerás.
Se recuares, morrerás.
Então por que recuar?", diz um provérbio.
E nós? O que estamos esperando para cumprir nosso destino para além de nossos temores e dúvidas?

Pensamento do 263º dia
19 de setembro

Aquilo que somos

Tornamo-nos aquilo que pensamos.
Atraímos aquilo que esperamos.
Pensemos positivo e nos tornaremos positivos.
Esperemos o melhor, ele não tardará a vir.

Pensamento do 264º dia
20 de setembro

Ceder

Num conflito, aprender a ser o primeiro a abaixar as armas, contribuindo para criar uma atmosfera pacífica.
Por que envenenar sua vida por mais tempo, procurando quem está certo ou errado, ou quem começou?
O mais urgente é ser feliz agora.

Pensamento do 265º dia
21 de setembro

Satisfação

Se amamos
e somos amados...
Não deveríamos querer mais nada.

Pensamentos
para a primavera

Conto da primavera
Assim como o sábio...

O vento tremula nos galhos das árvores, mas, depois que cessa, as árvores silenciam.

Os pássaros voam acima da água cristalina e fria, mas depois que passam a água não guarda seu reflexo.

A tempestade invade o céu com sua escuridão e a terra com sua água, mas depois que se esgota o céu não guarda nenhum vestígio de sua passagem, e a terra fica revigorada.

Da mesma forma, o sábio não ocupa sua mente com remorsos pelo passado ou apreensões pelo futuro.

Ele respira a natureza, se impregna do momento presente e evita, assim, a tristeza e a dor.

Pensamento do 266º dia
22 de setembro

Cálculos

A felicidade não se divide quando a compartilhamos.
Ela se multiplica.

Pensamento do 267º dia
23 de setembro

Ensinamentos

Desgostos, reveses, tragédias...
Toda circunstância difícil da vida obriga a um confronto consigo mesmo,
a uma busca profunda por insuspeitados recursos,
para superar, progredir, continuar...

Pensamento do 268º dia
24 de setembro

Benevolência

A benevolência é uma pequena luz interior que resplandece e permanece sempre acesa na escuridão.

Pensamento do 269º dia
25 de setembro

Desejo

Não basta formular um desejo,
e passivamente esperar por sua realização.
É preciso agir de maneira franca,
dia após dia,
com constância e determinação,
para avançar em sua direção.
É assim que nossos sonhos se realizam.

Pensamento do 270º dia
26 de setembro

Não construir sua própria infelicidade

Quando finalmente conseguimos admitir que muitas vezes somos os responsáveis por nossas próprias infelicidades, podemos, com essa simples tomada de consciência, esperar alcançar a felicidade.

Pensamento do 271º dia
27 de setembro

Felicidade ao mar

Nesse início de primavera, escrever uma mensagem de amor ou de amizade.
Colocá-la em uma garrafa.
E lançá-la ao mar.
Imaginar o sorriso daquele ou daquela que, quem sabe um dia, encontrar esse símbolo de fraternidade.

Pensamento do 272º dia
28 de setembro

Ousar...

A força e a confiança nascem do esforço.

Pensamento do 273º dia
29 de setembro

Energia criativa

O pensamento positivo não evita as adversidades, ele permite não ter medo delas.

Pensamento do 274º dia
30 de setembro

A força da calma

Aquele que sabe manter a calma é senhor de si, e também dos outros.

Pensamento do 275º dia
1º de outubro

Ouvir os outros

Quando ouvimos os outros, na vida pessoal ou na vida profissional, aprendemos a considerar os problemas sob um ângulo diferente.
O crescimento nasce da troca.

Pensamento do 276º dia
2 de outubro

Identificar os pensamentos negativos

Quando nos sentimos cansados, angustiados ou de mau humor, estamos dominados por nossos pensamentos negativos.

Pensamento do 277º dia
3 de outubro

Mudar

Quando nosso comportamento não muda, há grandes chances de reproduzirmos os mesmos erros e os mesmos insucessos.

Pensamento do 278º dia
4 de outubro

O sossego da natureza

A natureza exala uma aura de sossego e de serenidade.
Para afugentar o estresse, não hesitar em dar uma caminhada no campo, ou, quando estamos na cidade, em um parque.

Pensamento do 279º dia
5 de outubro

Evitar a desordem

Um espaço ordenado é propício à calma interior, ao passo que um ambiente bagunçado gera estresse e uma sensação de insatisfação.

Pensamento do 280º dia
6 de outubro

Resistir

A alegria é um ato de resistência às pressões externas.

Pensamento do 281º dia
7 de outubro

Leve e despreocupado, às vezes

De tempos em tempos, esforçar-se em ser tão despreocupado e leve quanto o pássaro que plana nas nuvens imóveis.
Ou ativo e alegre como o peixe que salta nas águas cristalinas.
Reaprender, assim, a tranquilidade...

Pensamento do 282º dia
8 de outubro

Vitória

O homem paciente tem a certeza de vencer.

Pensamento do 283º dia
9 de outubro

Baixar a guarda

A violência responde à violência.
O ódio ao ódio.
Somente a compaixão, a ausência de orgulho e o perdão apagam as ofensas e recriam a paz.

Pensamento do 284º dia
10 de outubro

Livre

Somos livres
para escolher,
amar,
mudar de vida,
crescer,
buscar o prazer.
Ou seja,
para sermos mais felizes.
O que estamos esperando?

Pensamento do 285º dia
11 de outubro

Palavra

Ao ver alguém sofrendo ou passando por dificuldades,
não hesitar em dizer uma palavra doce,
pois uma palavra ou um gesto são capazes de reaquecer o coração por um bom tempo...

Pensamento do 286º dia
12 de outubro

Sem condição...

De tanto adiar a felicidade para mais tarde, de pensar que ela pode esperar, de impor-lhe condições... Ela passa ao largo.
No entanto, é tão simples encará-la e aproveitá-la agora.

Pensamento do 287º dia
13 de outubro

Atmosferas, atmosfera...

As atmosferas são contagiosas.
Se vivermos em meio ao barulho e à agitação, nossa tendência será a irritação e a agressividade.
Um lugar calmo gera serenidade, cordialidade e moderação.
Aprendamos a criar atmosferas tranquilas a nosso redor.

Pensamento do 288º dia
14 de outubro

Agir aqui e agora

Chega de palavras e desejos... de castelos no ar.
O importante é o que se faz aqui e agora
para ser mais feliz.

Pensamento do 289º dia
15 de outubro

Prolongar o esforço

A coragem consiste em prolongar o esforço,
mesmo que o êxito ainda pareça distante.

Pensamento do 290º dia
16 de outubro

Aos poucos

Para viver tranquilo e sereno, responder às demandas do cotidiano aos poucos, em vez de sobrecarregar a mente com preocupações não resolvidas.

Pensamento do 291º dia
17 de outubro

As virtudes da organização

Arrumar os armários e fazer uma triagem em seus papéis às vezes proporciona uma grande satisfação e uma sensação de tranquilidade.
Agindo assim desobstruímos nossa mente.

Pensamento do 292º dia
18 de outubro

Tempo para si

Ao planejar o dia, pensar em deixar ao menos um momento de tempo livre.
Ou melhor: ousar escrever na agenda *tempo de descanso, de sonho, de descontração*.
O tempo dedicado ao relaxamento ajuda a tomar distância das situações.

Pensamento do 293º dia
19 de outubro

Calma na tempestade

Num conflito, aquele que se mantém calmo exerce uma certa ascendência sobre o outro e domina a situação, pois permanece lúcido enquanto o outro se deixa levar pela raiva.

Pensamento do 294º dia
20 de outubro

Estado de espírito

Se apesar das demandas, dos contratempos e das obrigações conseguimos nos convencer de que a situação é boa, ou, pelo menos, de que não é tão ruim, é porque estamos seguindo o caminho da paz interior.

Pensamento do 295º dia
21 de outubro

Escolher o melhor

No momento de fazer uma escolha importante como sair do emprego, acabar um relacionamento, mudar de endereço, afastar-se dos amigos... lembrar que uma decisão tomada com o coração e com a consciência é a que mais pode nos beneficiar.

Pensamento do 296º dia
22 de outubro

Caminho

Meditar sobre esta frase:
"A felicidade não está no fim do caminho. O caminho é a felicidade".

Pensamento do 297º dia
23 de outubro

Perspectiva

Sempre ver os acontecimentos de nossa vida em conjunto, e não pontualmente.
Cada circunstância deve ser posta em perspectiva se quisermos entender seu significado.
Pois sempre que nos distanciamos um pouco podemos apreciar a beleza da paisagem.

Pensamento do 298º dia
24 de outubro

Reequilibrar a vida

Quando operamos uma mudança em nós mesmos, ou quando fazemos um esforço para reequilibrar nossa vida, não somos os únicos beneficiados, todos com quem convivemos se beneficiam de nossa nova harmonia interior.

Pensamento do 299º dia
25 de outubro

Verdade

A verdadeira coragem passa pela afirmação de si e pela audácia de a cada dia reafirmar sua própria verdade.

Pensamento do 300º dia
26 de outubro

Lucidez

A justa consideração dos defeitos e das qualidades do outro é um privilégio das consciências realizadas e elevadas.

Pensamento do 301º dia
27 de outubro

Espaço de serenidade

Quanto mais atravancado ou desordenado for o lugar onde vivemos, mais ele gerará estresse. Arrumar, descartar, ordenar...
criar um ambiente de serenidade.

Pensamento do 302º dia
28 de outubro

Dedicar tempo para si

Ao longo do dia,
um espaço de tempo dedicado a si mesmo
é um momento de felicidade.
Descobre-se, através dele, que a felicidade é gerada no dia a dia.

Pensamento do 303º dia
29 de outubro

A felicidade, agora

A felicidade de amanhã é hipotética, aleatória, depende de várias condições...
A do momento presente é uma posse verdadeira, uma certeza.
O que estamos esperando para aproveitá-la agora?

Pensamento do 304º dia
30 de outubro

Enviar SMS

Aproveitar os SMS, as mensagens de texto enviadas por meio dos celulares, para escrever palavras de amor aos que nos são queridos.
Difundir, assim, pequenas felicidades fugazes, e trabalhar para a felicidade de cada dia.

Pensamento do 305º dia
31 de outubro

Os que não estão mais aqui

Apesar da tristeza e do desânimo, lembrar que a maior homenagem que se pode fazer aos que já foram é continuar a ser feliz sem eles.
Não é o que eles teriam desejado?

Pensamento do 306º dia
1º de novembro

Mudar de caminho

Quando o caminho é árduo demais, chega o momento em que é preciso aceitar que talvez não seja um bom caminho e que é preciso mudar.
A renúncia às vezes é uma prova de sabedoria.

Pensamento do 307º dia
2 de novembro

Fugir do estresse passivo

Desligar a televisão, o computador, o videogame... geradores de estresse passivos.
Colocar uma música calma ou cantos de pássaros. Fechar os olhos e esquecer por alguns instantes dos ruídos do mundo.

Pensamento do 308º dia
3 de novembro

Chama

Acender uma vela,
diminuir as luzes,
e criar uma atmosfera mais serena a seu redor.

Pensamento do 309º dia
4 de novembro

Felicidade simples

Uma xícara de café perfumado, um raio de sol, um gato que dorme perto do fogo...
a felicidade é tão simples, às vezes.

Pensamento do 310º dia
5 de novembro

Regras de vida

A disciplina e o rigor forjam um grande caráter.
E também as maiores satisfações.

Pensamento do 311º dia
6 de novembro

A consciência da paz interior

Ser feliz não basta.
É preciso conscientizar-se dos momentos de bem-estar e de harmonia na vida, e ter a certeza de que é possível renová-los ao infinito.
A paz interior é, acima de tudo, uma tomada de consciência.

Pensamento do 312º dia
7 de novembro

A força dos pensamentos

Muitas vezes, aquilo que imaginamos difícil se revela fácil.
Assim, percebemos que nossos pensamentos é que criam a dificuldade, enquanto a realidade é bem mais simples.

Pensamento do 313º dia
8 de novembro

Valor

A proximidade do infortúnio às vezes permite que tomemos mais consciência da felicidade.

Pensamento do 314º dia
9 de novembro

Insolente...

Liberdade é saber resistir às pressões, às contrariedades da vida, opondo-lhes um sorriso e uma insolente alegria.

Pensamento do 315º dia
10 de novembro

Riqueza

Lembrar que somos ricos daquilo que doamos. Doar-se sem medida para receber mais ainda. Generosidade gera felicidade.

Pensamento do 316º dia
11 de novembro

Sentir prazer nas menores tarefas

É possível sentir prazer cumprindo tarefas desagradáveis.
Basta transformar a visão que temos delas.

Pensamento do 317º dia
12 de novembro

Em forma

Para estar em forma pela manhã, basta querer.
Levantar-se sem gemer.
Decidir estar contente com seu destino.
Apreciar o que se tem, sem lamentar o que não se tem.
Sorrir.
Ter confiança no novo dia...
E ver como subitamente é fácil sentir-se em forma.

Pensamento do 318º dia
13 de novembro

Renovação

Hoje dou o primeiro passo do resto de minha vida.
Como a cada momento, aliás.
Tudo ainda está para ser feito.
O melhor está a minha espera.
As perspectivas são infinitas...

Pensamento do 319º dia
14 de novembro

Aprender a ser positivo

Banir as emoções e pensamentos negativos, pois cada passo dado na tentativa de ser feliz é uma vitória sobre si mesmo e sobre a vida.

Pensamento do 320º dia
15 de novembro

Delicado consigo mesmo

Cuidar de si, principalmente quando não se está bem.
Ser delicado consigo mesmo, poupar-se, cuidar-se, ouvir-se, massagear-se...
Temos a tendência de esquecer do corpo.
Ora, cuidar do corpo também é cuidar da alma.

Pensamento do 321º dia
16 de novembro

A melodia da felicidade

Nesta manhã de primavera,
se um pássaro vier cantarolar sua melodia
na sacada ou no parapeito da janela,
imaginar que a felicidade veio nos saudar.

Pensamento do 322º dia
17 de novembro

Reivindicações

Aprender a confiar em si mesmo,
a afirmar seu talento,
seu poder,
sua capacidade de realizar-se...
e superar seus limites.

Pensamento do 323º dia
18 de novembro

A origem da felicidade

Na nascente de cada grande rio há sempre uma fonte viva.
O mesmo se dá com a felicidade.
As pequenas alegrias cotidianas aos poucos vão construindo as grandes felicidades.

Pensamento do 324º dia
19 de novembro

Página em branco

Imaginar que a felicidade é uma página em branco que deve ser preenchida.
Que palavras escrever?
Eu amo.
Acredito em mim.
Controlo meus medos.
Respeito a mim mesmo ao mesmo tempo que respeito aos outros.
Esforço-me para demonstrar compaixão.
Tenho uma direção na vida.
Sou energia e luz...

Pensamento do 325º dia
20 de novembro

Reinar sobre sua vida

Sempre ser o protagonista,
o criador,
o herói,
e, acima de tudo,
o senhor de sua vida.

Pensamento do 326º dia
21 de novembro

O presente do amor

Tudo o que é feito com amor sempre é um presente.

Pensamento do 327º dia
22 de novembro

Diminuir o ritmo

A felicidade não combina com uma vida levada a toque de caixa.
Ela precisa de momentos de calma, atenção a si e aos outros... momentos indispensáveis à tomada de consciência.
Às vezes é bom diminuir o ritmo.

Pensamento do 328º dia
23 de novembro

Imaginação

Não passar a vida imaginando catástrofes.
Viver o momento presente e aproveitar os instantes de paz.
Quando os problemas surgirem será o momento de buscar soluções.
Não sacrificar os momentos de felicidade com desgraças hipotéticas.

Pensamento do 329º dia
24 de novembro

Perseverança

Observar que, em muitas ocasiões, não são os mais rápidos ou os mais fortes que vencem o combate e conseguem superar as dificuldades.
Mas os mais perseverantes e os mais audaciosos.

Pensamento do 330º dia
25 de novembro

Otimismo

A esperança e a autoconfiança forjam o otimismo.

Pensamento do 331º dia
26 de novembro

Prioridades

A felicidade e a plenitude também passam pela boa gestão das prioridades.
Estas últimas devem ser claramente identificadas e sempre preferidas a qualquer outra coisa.
Evita-se, assim, um dia ter a sensação de ter passado ao largo de sua vida.

Pensamento do 332º dia
27 de novembro

Onde foi que errei?

Não culpar os outros ou os céus por nossos fracassos.
Nós também somos responsáveis por aquilo que nos acontece: excesso de confiança, negligência, impertinência, erro de cálculo...
É preciso buscar em si a origem dos seus erros.

Pensamento do 333º dia
28 de novembro

Oportunidade

Ver em cada fracasso uma oportunidade de crescimento.

Pensamento do 334º dia
29 de novembro

Justiça

Ame e serás amado.
Acolha e serás acolhido.
Ouça e serás ouvido.
Dê e receberás em dobro...
Pois a vida é assim.
Sempre colhemos aquilo que semeamos.
Então, espalhemos felicidade...
Sempre restará alguma coisa.

Pensamento do 335º dia
30 de novembro

Mudar de atitude

Muitas vezes nossas atitudes, mais do que nossas aptidões, determinam nossas vitórias.

Pensamento do 336º dia
1º de dezembro

Inventar o futuro

É inútil consultar os astros, ler as cartas ou procurar videntes para tentar descobrir o futuro. O verdadeiro desafio da vida não consiste em adivinhá-lo, mas em fazer de tudo para torná-lo possível.

Pensamento do 337º dia
2 de dezembro

A felicidade, ou não

Se o que faço hoje não me torna mais feliz amanhã, então para que fazê-lo?
Melhor inventar vias alternativas.
Buscá-las já é estar a caminho da paz interior.

Pensamento do 338º dia
3 de dezembro

Buscar a solução

Os chineses lembram em suas máximas cheias de sabedoria que é mais útil acender uma vela do que queixar-se da escuridão.

Pensamento do 339º dia
4 de dezembro

O poder da calma

A calma e o autocontrole são poderosos fatores de dominação.
Poucos são os que sabem manter a serenidade em meio à adversidade...

Pensamento do 340º dia
5 de dezembro

Emoções

Nossas emoções, boas ou ruins, nada mais são do que o resultado de nossos pensamentos.

Pensamento do 341º dia
6 de dezembro

Visão

Não olhar para o futuro com os óculos do passado. Corre-se o risco de não ver a felicidade do presente.

Pensamento do 342º dia
7 de dezembro

A sorte sorri aos perseverantes

Para ter sorte, é preciso perseverar...
Pois esta é a grande justiça da vida:
o trabalho e a disciplina são sempre recompensados.

Pensamento do 343º dia
8 de dezembro

Limpar

O riso liberta as mentes sobrecarregadas de medos,
de dúvidas,
de tristezas,
de lamentos.
Ele nos ajuda a voltar à infância.
Deixemos que ele leve tudo,
que nos purifique,
que nos lave.
E então rir,
sentir-se renovado,
leve,
e limpo,
como o céu depois da tempestade.

Pensamento do 344º dia
9 de dezembro

Ações

Ao fim do dia, perguntar-se: "Minhas ações de hoje estavam em harmonia com o que desejo fazer de minha vida? Elas me fizeram mais feliz?".

Pensamento do 345º dia
10 de dezembro

Energias

Nossa energia positiva muitas vezes é prisioneira de nossa energia negativa.
Trabalhar mentalmente para que o inverso passe a ocorrer.

Pensamento do 346º dia
11 de dezembro

Montanha

A felicidade nunca está tão longe ou é tão difícil quanto pensamos.
A sabedoria chinesa diz: "Vista do vale, a montanha parece alta".

Pensamento do 347º dia
12 de dezembro

Olhar para o mundo com amor

Basta colocar amor em seu olhar para ver o mundo de maneira diferente e para começar a resolver todos os conflitos.

Pensamento do 348º dia
13 de dezembro

Com os outros

Evitar nutrir sentimentos negativos a priori pelos outros.
Temos tendência demais a ver os desconhecidos como inimigos.
Os outros não são hostis, ao contrário do que pensamos.
Nós é que os culpamos por serem o que são.

Pensamento do 349º dia
14 de dezembro

As portas do sucesso

As portas do sucesso se abrem àqueles que ousam abri-las.
É preciso acreditar, sempre, que tudo é possível.

Pensamento do 350º dia
15 de dezembro

A felicidade perdida

Não ser aquele que espera sofrer para dar valor à felicidade perdida.
Usufruir dela agora, com deleite e sem comedimento.

Pensamento do 351º dia
16 de dezembro

Domínio

Controlando os pensamentos, aprendemos o autocontrole e, assim, a conduzir nosso destino.

Pensamento do 352º dia
17 de dezembro

Os presentes da vida

Permanecer aberto e disponível ao amor, à alegria, à criatividade e a todas as oportunidades da vida.
A vida é mais generosa do que pensamos.
Frequentemente somos nós que não conseguimos ver e tirar proveito das oportunidades colocadas em nosso caminho.
Um pouco como presentes que fossem deixados dentro das embalagens.

Pensamento do 353º dia
18 de dezembro

O presente é nossa única urgência

E se cessássemos de fazer planos mirabolantes e projetos de longo prazo, de imaginar para amanhã utopias fantásticas...
E se a urgência fosse saber se somos capazes de trazer um buquê de flores para casa, de colocar velas à mesa do jantar, de dar um abraço carinhoso na pessoa que amamos...
Para embelezar o cotidiano e criar agora mesmo um verdadeiro momento de felicidade.

Pensamento do 354º dia
19 de dezembro

Dever...

Lembrar que a felicidade não é uma exceção, mas um direito e um dever.
O normal é ser feliz,
não sê-lo é que é anormal.

Pensamento do 355º dia
20 de dezembro

Se morrêssemos amanhã...

Cessemos de nos queixar de qualquer coisa: do mau tempo, dos engarrafamentos, das contrariedades do cotidiano...
Se soubéssemos que iríamos morrer amanhã, até mesmo a chuva e o céu acinzentado nos pareceriam um espetáculo sublime.

Pensamentos para o verão

Conto do verão
A lenda do cuco

Há muitos e muitos séculos, um cuco, que sentia coceira nas costas, não conseguia acalmar sua comichão. Por mais que se contorcesse e retorcesse de todos os jeitos, ou que tentasse alcançar a insuportável coceira com suas patas ou com seu bico, nada adiantava.

Então recorreu à filha, implorando que o ajudasse a aliviar sua invencível irritação.

Inesperadamente, porém, a menina, em plena adolescência, se recusou a ajudar o pai. A mocinha vingava-se do fato de ele frequentemente criticar seu namoradinho, um jovem cuco excêntrico de plumas coloridas demais e de muito mau gosto.

Essa divergência de ponto de vista, no entanto anódina, parecia à ingrata uma razão suficiente para não voar em socorro do pai. Ele, que sentia as costas coçarem cada vez mais intensamente, foi se aliviar contra uma rocha pontuda. Infelizmente, arranhou-se e feriu-se tanto que a chaga infeccionou e o levou à morte.

A jovem sentiu uma tristeza profunda. "Recusei-me a ajudar meu pai por um motivo ínfimo", lamentou-se ela. "Louca que fui! Da próxima vez, aceitarei coçar as costas dos que me pedirem."

Infelizmente, nunca mais haveria uma próxima vez para seu pai.

Devemos sempre pensar nas consequências de nossos atos, mesmo dos que podem parecer mais banais.

O remorso é uma ferida aberta. Convém assumir seus erros, não sobrecarregar a mente com rancores inúteis, pedir desculpas e seguir em frente.

Assim viveremos felizes e serenos.

Pensamento do 356º dia
21 de dezembro

Possibilidades...

Neste primeiro dia do verão, lembrar que ainda podemos mudar nossas escolhas e viver experiências novas.
O futuro será o que fizermos hoje.

Pensamento do 357º dia
22 de dezembro

Reflexões

O mais importante não é para onde se vai, mas como se vai
e quais são os meios utilizados para alcançar o objetivo.

Pensamento do 358º dia
23 de dezembro

A sabedoria das crianças

Ouvir mais as crianças.
Elas têm tanto a ensinar.
Sua visão de mundo é pura, lógica, simples.
Elas não têm preconceitos.
Suas perguntas sempre remetem ao absurdo da vida e lançam luz sobre a complexidade do mundo.
Suas minúsculas experiências não devem ser negligenciadas, mas percebidas como novas perspectivas...
Afinal, o futuro pertence a elas.

Pensamento do 359º dia
24 de dezembro

Presentes...

Empacotando os presentes, colocar em cada embalagem um pouco de felicidade e de amor.
Por que não concretizar esse gesto acrescentando a cada pacote um coraçãozinho de papel, por exemplo?

Pensamento do 360º dia
25 de dezembro

Amar a vida

Nesse dia de festa e união, por que não decidir amar a vida mais do que nunca?
Presentear a todos com seu bom humor e seu otimismo.
A sensação de felicidade e harmonia resultante quase fará esquecer qualquer mau tempo.
Feliz Natal...

Pensamento do 361º dia
26 de dezembro

Afirmar-se

Cuidado com todas as coisas insignificantes que nos consomem a alma.
As humilhações no trabalho,
o acúmulo de preocupações,
a falta de autoestima.
Neste final de ano, devemos partir na reconquista de nós mesmos.
Afirmar o que somos,
e não deixar ninguém ter poder sobre nossa vida.
Nossa felicidade só depende de nós.

Pensamento do 362º dia
27 de dezembro

A magia do sorriso

O sorriso muda nossa aparência, nosso rosto, nosso olhar e nossa atitude em relação à vida.
Ele nos torna bonitos, e dá aos outros vontade de nos conhecer.

Pensamento do 363º dia
28 de dezembro

Voz interior

É preciso ouvir sua pequena voz interior.
Aquela que contra ventos e marés nos diz quando estamos na direção certa.
Às vezes contra a opinião dos outros.
Somos os únicos a saber o que é bom para nós.

Pensamento do 364º dia
29 de dezembro

Lutar contra o marasmo

As pessoas angustiadas, deprimidas, pessimistas, rancorosas, mal-humoradas ou insatisfeitas colocam, conscientemente ou não, uma tela escura entre elas e a realidade.
Neste final de ano, façamos um voto de resistir ao marasmo ambiente.

Pensamento do 365º dia
30 de dezembro

Aceitar a imperfeição

Atingir a perfeição é uma ilusão.
É uma guerra já perdida, declarada contra nós mesmos.
Aprender a confiar em si, aceitar que não existe perfeição e relaxar...
Começamos a respirar melhor, não é mesmo?
A felicidade finalmente conseguirá brotar e ocupar seu espaço...

Pensamento do 366º dia
31 de dezembro

Felicidades de amanhã

Neste último dia do ano,
simplesmente pensar na felicidade.
Fazer silêncio.
Sorrir para si mesmo.
Para os outros também.
A felicidade está em toda parte.
Você sente sua presença?
Muitas vezes a ignoramos nos meses que se passaram.
Aprender com isso...
Então, às vésperas do novo ano,
formular o simples voto,
por meio de cada um de nossos atos,
cada um de nossos pensamentos,
de continuar ainda e sempre
buscando.
O melhor está por vir.

SÉRIE L&PMPOCKET**ENCYCLOPAEDIA**

Alexandre, o Grande Pierre Briant
Bíblia John Riches
Budismo Claude B. Levenson
Cabala Roland Goetschel
Capitalismo Claude Jessua
Cérebro Michael O'Shea
China moderna Rana Mitter
Cleópatra Christian-Georges Schwentzel
A crise de 1929 Bernard Gazier
Cruzadas Cécile Morrisson
Dinossauros David Norman
Drogas Leslie Iversen
Economia: 100 palavras-chave Jean-Paul Betbèze
Egito Antigo Sophie Desplancques
Escrita chinesa Viviane Alleton
Evolução Brian e Deborah Charlesworth
Existencialismo Jacques Colette
Filosofia pré-socrática Catherine Osborne
Geração Beat Claudio Willer
Guerra Civil Espanhola Helen Graham
Guerra da Secessão Farid Ameur
Guerra Fria Robert McMahon
História da escrita Andrew Robinson
História da medicina William Bynum
História da vida Michael J. Benton
Império Romano Patrick Le Roux
Impressionismo Dominique Lobstein
Inovação Mark Dodgson & David Gann
Islã Paul Balta
Jesus Charles Perrot
John M. Keynes Bernard Gazier
Jung Anthony Stevens
Kant Roger Scruton
Lincoln Allen C. Guelzo
Maquiavel Quentin Skinner
Marxismo Henri Lefebvre
Memória Jonathan K. Foster
Mitologia grega Pierre Grimal
Nietzsche Jean Granier
Paris: uma história Yvan Combeau
Platão Julia Annas
Pré-história Chris Gosden
Primeira Guerra Mundial Michael Howard
Relatividade Russell Stannard
Revolução Francesa Frédéric Bluche, Stéphane Rials e Jean Tulard
Revolução Russa S. A. Smith
Rousseau Robert Wokler
Santos Dumont Alcy Cheuiche
Sigmund Freud Edson Sousa e Paulo Endo
Sócrates Cristopher Taylor
Teoria quântica John Polkinghorne
Tragédias gregas Pascal Thiercy
Vinho Jean-François Gautier

Livros de Freud publicados pela **L**&**PM** EDITORES

Coleção **L**&**PM** POCKET:
Compêndio da psicanálise
O futuro de uma ilusão
A interpretação dos sonhos (volume 1)
A interpretação dos sonhos (volume 2)
O mal-estar na cultura
Psicologia das massas e análise do eu
Totem e tabu

Coleção **L**&**PM** EDITORES/FREUD (formato 21x14cm):
Compêndio da psicanálise
O homem Moisés e a religião monoteísta
Psicologia das massas e análise do eu
Totem e tabu

Série Ouro:
A interpretação dos sonhos

Livros relacionados
Freud – Chantal Talagrand e René Major
   (**L**&**PM** POCKET Biografias)
Sigmund Freud – Paulo Endo e Edson Sousa
   (**L**&**PM** POCKET **ENCYCLOPAEDIA**)
Correspondência – Sigmund Freud e Anna Freud

WALTER RISO

Ame e não sofra
Como aproveitar plenamente a vida a dois

A arte de ser flexível
De uma mente rígida a uma mente livre e aberta à mudança

O direito de dizer NÃO!
O primeiro passo para resgatar o amor-próprio e ser feliz

Desapegue-se!
Como se livrar do que nos tira energia e bem-estar

Amar ou depender?
Como superar a dependência afetiva e fazer do amor uma experiência plena e saudável

AMORES DE ALTO RISCO
Os estilos afetivos pelos quais seria melhor não se apaixonar: como identificá-los e enfrentá-los

O que toda mulher deve saber sobre os homens
A afetividade masculina

Mais de 2 milhões de livros vendidos em todo o mundo

L&PM EDITORES

Os russos estão na Coleção **L&PM** POCKET

Dostoiévski, Tchékhov, Turguêniev, Gogol, Anna Akhmátova, Tolstói

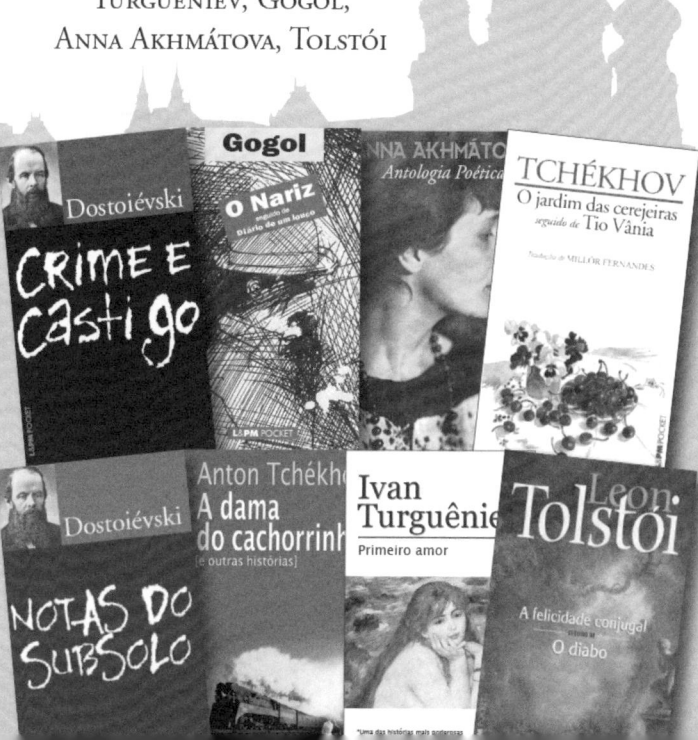

Poesias, contos e todos os romances em mais de 20 títulos

L&PM EDITORES

Kerouac para todos os gostos:
romances, haicais, peças, cartas
e o clássico dos clássicos, *On the Road*

L&PM EDITORES

Agatha Christie

EM TODOS OS FORMATOS
AGORA TAMBÉM EM FORMATO TRADICIONAL (14x21)

L&PM EDITORES

© 2016 Agatha Christie Limited. All rights reserved.

Poirot 100 anos

Agatha Christie

- Morte na Mesopotâmia
- Poirot perde uma cliente
- Os quatro grandes
- Cai o pano: o último caso de Poirot
- Os crimes ABC
- O Natal de Poirot

L&PM POCKET

L&PM POCKET MANGÁ

Inio Asano
Solanin
1

Mitsuru Adachi
Aventuras de menino

Inio Asano
Solanin
2

Mohiro Kitoh
FIM DE VERÃO

L&PM POCKET
GRANDES CLÁSSICOS EM VERSÃO
MANGÁ

SHAKESPEARE — HAMLET

SIGMUND FREUD — A INTERPRETAÇÃO DOS SONHOS

F. SCOTT FITZGERALD — O GRANDE GATSBY

FIÓDOR DOSTOIÉVSKI — OS IRMÃOS KARAMÁZOV

MARCEL PROUST — EM BUSCA DO TEMPO PERDIDO

MARX & ENGELS — MANIFESTO DO PARTIDO COMUNISTA

FRANZ KAFKA — A METAMORFOSE

JEAN-JACQUES ROUSSEAU — O CONTRATO SOCIAL

SUN TZU — A ARTE DA GUERRA

F. NIETZSCHE — ASSIM FALOU ZARATUSTRA

IMPRESSÃO:

Pallotti
GRÁFICA EDITORA
IMAGEM DE QUALIDADE

Santa Maria - RS - Fone/Fax: (55) 3220.4500
www.pallotti.com.br